AF285330

Planet in Weiß

Eine surreale Fantasie

Peter Hort

Dorante Edition

Planet in Weiß

Eine surreale Fantasie

Peter Hort

Bibliografische Information durch die Deutsche Nationalbibliothek: Die Deutsche Nationalbibliothek verzeichnet diese Publikation in der Deutschen Nationalbibliografie; detaillierte bibliografische Daten sind im Internet über http://dnb.d-nb.de abrufbar.

Berlin 2020, Edition Winter
ISBN: 9783752642063

Covermotiv: Peter Hort

Verlag und Herstellung: BoD – Books on Demand, Norderstedt

Weiser Planet, du bist mein Ziel.
Donner, gibt mir Kraft und Stärke.
Was ich will, ist nicht mehr viel.
Was ich sehe? Gottes Werke!

Was ich sehe, nicht mehr bös`!
Was ich will? Ein Wunderwirken.
Unter Eichen, unter Birken.
Rufe ich: Mein Gott – erlös`!

Nicht mehr frei, ich bin und nun?
Will ich zu dem Monde beten.
Und mein letztes Hemd vertreten.
Nur nicht die Erinnerung!

Rufe ich: Mein Gott, lass frei!
Meine Liebe, meine Sterne,
Ferne, ferne, doch zu fern.
Alles, Alles allerlei!

Nichts in mir ist gut und schön,
Nichts ist Liebe nichts ist Beten.
Wetten, wetten auf mich wetten,
Muss ich unter stillen Böen.

Und dahinter ist die Ruh
Und ein Leben, aus Narzissen.
Zehn Verrückte, sieben Kissen,
Neben sterbender Kultur.

Gib mir doch, die deine Hand!
O, du schöne aus dem Süden!
Mir dem kühnen und dem müden,
Führe mich in rotes Land.

In ein kränkelndes Verlies,
Wo ich will den Teufel finden.
Und ihm dieses Maul verbinden
Wo ich esse Brot und Grieß.

Dort, dort will ich glücklich sein,
Unter Palmen will ich beten.
Retten, retten Männer retten,
Die voll süßen Dattelnweins.

Palmen, ach, wie ist das schön.
Hufen wollten mir lobsangen.
Und mich an dem Tage fragen
Über kalte Winterhöhen.

Dort dort bin ich dann Paladin.
Voller, alter Glückes ritten.
Dort, will ich nur Gott dann bitten,
Um den wahren Menschensinn!

Was ich will, ist nur der Sinn.
Nichts mehr, nichts mehr nur das Tönen
Und dem Leben will ich frönen
Für den lauteren Gewinn.

Mein Stock ist ein alter Hut,
Wo ich bettele und tanze.
Weiser, Stern du bist mir Chance,
Fern du jeder alten Brut.

Will dich sehen, will dir dienen,
Muss dir ewig Sohne sein.
An dich muss ich Traumsinnen.
Ich bin kläglich, giftig frei.

Karg das Leben in dem Wind,
Wut ist mir dort, nicht Gewissen.
Meine Klagen Pforten sind
In den kalten Paradiesen.

Eines Kranken, du Soldat!
Eines alten Menschen Wesens.
Finde in der Steppe Haag,
Musst die Toten du erwecken!

Muss nur Sterne, Sterne reiten!,
Und dem Mammon Diener sein.
Weiden will ich, Säue weiden
Unterm schönen Sonnenschein.

Und dahinter ist nur einer,
Der die Steppenwüste weiß.
Er ist dir ein Vater, Kleiner,
Und ein junger, junger Greis!

Einer der die Welt verdrehet,
Wie sie einsten einmal war!
Ehret ihn und trotzdem ehret,
Er ist König, Abgott, Narr!

Guter Mund spricht nur noch Weisheit,
Und die Weisheit ist geklönt.
Du mein liebes Kind geschönt!,
In der Klugheit, wie in Schwachheit.

Schwachheit, Narrheit, nichts ist Gold.
Liebe ist mir nur Dinare.
Eine übermäßige bare,
Eine Ware ich gewollt.

König, König Rhapsodien ...
Stark bist du und ohne Wächter.
Keiner dieser Welt ein Rechter,
Einer, dem die Sonne schien.

Klar der Wind, die Monde klar.
Schön wie auch die Barbussin.
Ihre Liebe Donner war.
Ihre Klänge einer Drusin!

Ihre Klänge sind so stolz.
Sind so ewig, heiß und schweifend ...
Auf ihr Holz, ich klopf wie Solz.
Auf ihr Kiefer klopf ich reifend.

Reißen will ich, Bäume aus.
Diese Bäume und Birken.
Will auf kranke Männer wirken,
Wie die kalte Wüstenmaus.

Du, mein edles Paradies,
Willst mir einen Berg aufbauen.
Unter Wilden, unter Grauen,
Wo mir Klugheit ist gewiss.

Was gibst du mir weiser Gott?
Willst mich prüfen und vernichten.
Diese Welt muss du nur richten!
Nicht jedoch den weisen Schott.

Wohin treibst du diese Welt?
Die auf Störchen ist gebaut.
Die mir diese Zeit geraubt
Und das wenige gestählt ...!

Wohin treibst du mich, o Gott!
Hin zu Glück oder zum Wahnsinn.
Alles ist mir Gift und Schwachsinn,
Alles was ich will ist Rot ...!

Dieses, junge Abendrot,
Wo man dann sich glücklich schätzet,
Und die Klinken wätzet, wätzet
Vor dem Elferräten Gebot.

Wo man mich zusammen sieht
Vor der Büchse der Pandora.
Ora, Ora et Gabora.
Stillt das Wort mir diese Hilld.

Gib mir alte Muskelkraft.
O, mein steinerner Geselle.
Zu dir ich mein Ohr befehle
Mit dir will ich Knechteschaft.

Mit dir will ich Bruder sein,
Dir ein neues Schloss errichten,
Und nur diese Verse lichten
Nur für Frauen wie einst dein.

Muss ich hier ein Diener sein,
Nur ein Knechte unter Sklaven,
Wo der alte Odin Raaben
Mich bewachet, trinkend Wein.

Wo, willst du mir König mein,
Freiern als ein Herr der Waffen.
Raffen will ich!, Wurzeln raffen,
Und das Leben ist ein Stein.

Was, willst du mir? – Ungemach
Aus Wolken niederbringen
Und den Jupiter besingen.
Von des Weltalls weitem Dach.

Dort musst du mir Friede sein
Ewig, ewig ohne Waffen.
Schlafen willst du dann und Schlafen.
Schön und in dem Herzen rein.

Dort auf diesem weisen Stern
Willst du mir dann Lieder singen,
Dort im Walde fern, fern, so fern,
Mich und meine Klingen, Klingen.

Weiser Stern, du bist mein Rot,
Zu dir will ich auf Flügeln,
Und die alten Dirnen zügeln,
Vor dir, o du weiser Gott.

Vor dir ist es ewig Glut,
In dir rot, der Sonne Strahlen,
Malen will ich, Träume malen,
Dort wo alles Tagesmut.

Krankhaft bin ich hier nicht mehr,
Und in Wärme ist nur Frieden,
Dort auf Erden in den Iden.
War ich König, Knecht und Herr!

Hier bin ich dein Paladin,
Einer, der nur spielt und deutet,
Einer, der die Säue häutet,
Suchet nach dem wahren Sinn.

Diesem Sinn der Blonden doch,
Nach der ihren Urkraft vollen,
Nach der Heimat, die verschollen,
Nach der Wahrheit – mir zu hoch.

Kraft will ich dir selber sein,
O, mein König Traumsinner,
Du bist Herr mir, ich bin Grinner,
Du bist Kelch mir, ich bin rein.

Du bist Wein mir! Ich bin Zelt,
Wo man Zelte einst gebaut.
Und dahinter Allonaut
In der neuen, weisen Welt.

In der neuen weisen Zeit,
Wo mir Fluch ist Geld und Wollen,
Und dir Erde ewig weit,
Bin ich tief im All verschollen.

Bin ich nur dein Paladin,
Der nur betet und nicht dienet,
Der nur glaubet und sinnet,
Singet rien, du blaues rien.

Blau, blau ist das Blut,
In dir ist nur Macht und Stärke.
Güter, Güter – denken, denken
Will ich leise sagen: Ruth!

10

In mir ist kein Ungemach,
kein Stifte die mich röten
Ich will diese Welt vergöttern
Von des Weltalls letztem Dach!

Wohin treibst du mich, oh Gott?
Hin zum Wahn oder zum Wahnsinn.
Trotze Lug und Trug und Not,
Trotze Lug und Trug und Schwachsinn.

Fast der blaue Planet
Ist mir Strafe und auch Sühne.
Ich bin hier nur kühne, kühne,
Hasse nur den Baffomet.

Darum liebst du mich, o Gott?
Will dich kennen, will dich sehen:
Will zu meinen Sternen flehen
Vor dem dunklen Abendrot!

Dort, wo du gefangen bist,
Dort bist du mir König Weiser,
Bist du Ritter mir und Kaiser
Und ein ewig junger Christ.

Dort bin ich kein Weiser mehr,
Nur ein Tore unter Narren,
Einer ohne Fließ und Scharen,
Warte, auf eine Mär.

Niemand will mir Diener sein,
Niemand will mich hin entführen,
Zu den Tänzern und zu Küren,
Die mir singen, nichts mehr dein.

Die mir singen, alles Gut!
Und in mir ist alles Besen.
Alles Wunsch und alles Thesen.
Kaum in der Ferne, Schutt!

Kram das Leben, alles Harm.
Und dahinter alles Krämer.
Ich bin Greiner, ich bin Grämer.
Alles, alles Scham, nur Scham!

Will stumm singen, muss gesunden,
Welt umrunden und den Zern.
Fern die Heimat viel zu fern,
Millionen eitler Runden.

Gib mir Rat du Krieges-Fürst,
Gib mir Weisheit und Vertrauen.
Unter Kriegern will ich schauen,
Die es nicht mehr so bedürfst.

Unter Kriegern will ich Durst,
Will ich Kraft und Stärke finden,
Will die alte Schlange schinden
Und die mir ergeben Brust.

Stern, mein o du weiser Stern,
Rufst mich zu dir in Propheten
Aus längst versunkenen Stätten,
Die mir sagen ewig Kern.

Glück. O Glück. Wo willst du sein?
Wo willst du mir reines dienen!
Unter blonden Paladinen
Und nicht wie einst ich, so klein!

Bruder, lass mich Sänger sein,
Einer, der dir Schutze bietet.
Der dich richtet und gebietet.
Du bist hier ein Pfau, mein.

Gib mir deine Bruderhand!
Lass mich zu dem Gotte beten,
Der mich führen will und retten
In das kalte Wüstenland.

Dorthin wo es karg und still,
Und ich um mich greife, greife –
Eine alte Zahlenreife
Wo ich liebe, viel zu viel`.

Wo ich gebe alles weg
Und mich schützen alte Waffen,
Und die jungen, Schleier gaffen
Und belächeln mich sehr keck.

Du, du Narr willst alt doch sein,
Willst die Welt können beherrschen
Unter alten Knappenmärschen
Willst du trinken Kesslerwein.

Dorthin wo das Eis noch warm,
Wo mich kalte Seelen schützen,
Alles kalte Winterpfützen,
Diese machen mich arm – arm.

Hin will ich zu jungem Kern,
Hin zum alten Wärmegürtel,
Über mir die Speere, Türme.
Ich bin fern der Heimat, fern.

Meine Heimat ist der Stern,
Dieser weise ohne Flügel.
Der mich zähmen will und zügeln,
Wo ich nicht mehr frei beim Zern. *(alt: Zaun)*

Wo ich nur ein armer Mann,
Nur ein alternder Barabre.
Fahre, fahre in mich fahre
Schöner Krieger und Kiran.
(Götterkönig im antiken Griechenland)

Hier muss ich dir Diener wuhen, *(wünschen alt)*
Schau, mich an! Ich bin alleine,
Und ich um die Erde weine.
Und du sagst mir dann: „Und nun?"

Du, du sagst mir nur „Begier".
Eine Welt ganz ohne Muse,
Dorthin gehe ich als Druse.
Ein nur, Druse ohne Hier.

Eine Büste schön und klug,
Eine Büste und zwei Rosen.
Ohne Wanzen, ohne Hosen.
Und im Kopf ist Lug und Trug.

Und im Kopf ist Lug und Schein,
Und ich gaukle und spiele,
Schiele, schiele auf mich schiele,
Schaue auf mich König Pein.

Und dort oben bin ich frei,
Dort, dort oben, wo die Hallen,
Muss ich meine Faust ballen,
Meine Fäuste, die sind drei.

Hin will ich zum weisen Stern,
Wo man mich dann nicht mehr findet,
Wo der Jugend Stolz verschwindet.
Ach, so ferne, ach so fern.

Hin will ich zu Gott allein.
Hin zu Gott, der mich vernichtet,
Der mich nimmt und dann auch richtet,
Alles Leben und Gebein.

Der mir alles Leben gibt!
Und mich von dem Stolz befreit,
Der die alten Tempel weihet,
Der mich ohne Grenzen liebt.

Und mir sagt: „Du armer Sohn!"
„Armer Teufel, ohne Namen",
Gib mir Fühle, lass mich schrammen,
Schrammen, Schrammen ohne Fron.

Lass mich in deinen Palast,
Wo ich dir kann alles beichten
Über Dinge, die mich leichten, *(erleichtern)*
Die mich leichten fast, doch fast.

Gib mir Fühle, gib mir Rast.
Lass mich für die Diebe klönen. *(schwätzen)*
Ich will malen und auch können,
Was so können muss ein Gast.

Lass mich alter Hungernarr
Deine Narrenkappe tragen!
Ich will in den Himmel ragen,
Der lässt alles werden wahr.

Der lässt jeden Steppenschmidt
Mir ein altes Stirnreif schlagen,
Das ich meistern kann und tragen,
Schritt für Schritt und Schnitt um Schnitt.

Gib mir alte Narrenläuse,
Eine schöne Narrenmütze.
Ich dich grüße den Gereusse,
Ohne Reue ohne Nütze.

Ohne Freunde bin ich wichtig,
Will hier nur ein Weiser sein.
Unter altem Tresterwein,
Wo das Leben aufrichtig.

Wahnsinn, Wahnsinn, doch Gewinn?
Etwas was ich nicht „verstahe".
Nur bei Gott ich hier gedeihe,
Finde in ihm ich den Sinn.

Großsinn, Maßsinn macht mich stolz.
Lass mich einem König dienen
Und den seinen Paladinen,
Dass ich klopfe aufs Gehölz.

Warmsinn treibt mich Richtung Nord,
Wo ich lebe und genese.
Und den alten Tölpel fresse, *(befreie)*
Wie es Sokrates gewollt.

Muss ich wieder, wieder schreien,
Was vor Jahren ist gewesen
Und die alten Hexenbesen,
Lass ich liege, fliege fein.

Und die alte Teufelsbrut,
Muss ich in die Rinne spülen.
Wühlen, wühlen, Welt aufwühlen
Will ich in der Teufelsglut.

Oh, du alternder Satrap,
Willst mir alte Zähne zeigen.
Du bist krank und willst absteigen
In das alte Mosegrab.

Der du mich zu nichts verführst
Willst mir eine Krone geben.
Leben, leben Träume streben,
Lässt du mich und mich entführst.

Zu den alterden Barbaren
Will ich, muss ich einsam ziehen,
Hin zur alten Straße fliehen,
Wo die edlen Recken waren.

Über mir das weite All,
Weites ewiges Behagen,
Und darüber Bäume ragen,
In den Bäumen Karakal.

Narrenkappen und viel Wind,
Und mich tragen Türenflügel.
Über ewig grünen Hügeln,
Dorthin, wo die Steppen sind.

16

Muss ich denn ein Diener sein,
Unter mir so wenig Gleiche,
Unter Bettlern unter Reichen,
Ohne Gold und ohne Schein.

Schein ist diese Welt nur Schein,
Ein durchsichtiger Planet.
Ich bin einer, ich bin klein,
Du bist Nichts in dieser Stätte,
Alles hinter mir ist rein.

Du bist nur ein treuer Herr,
Der mich will von Zorn befreien.
Weihen, weihen Schreine weihen,
Tempel weihen, die fast leer.

Mond ist mir ein Licht der Nacht,
Dort will ich die Steppen sehen,
Die im Traume nie vergehen,
Die einst so sehr ich verlacht.
Ich hab an die Wand gedacht.

Ich hab an das Gold gedacht,
An die Wunder und die Güter,
An die Wächter und Gemüter,
Ich hab sie einst ausgelacht.

Gib mir deine Narrenhand,
Ich will dich dorthin entrücken,
Dort, wo keine List und Tücken
In ein fernes Wüstenland ...
Man hat mich dort vorgemahnt.

Dort will ich dein Druser sein, *(musischer Mensch)*
Will dir dienen, will mit dir tanzen,
Mit den Pferden, mit den Wanzen,
Um den süßen Traubenwein.

Und da bin ich Paladin
Ohne Zimbeln und Trompeten.
In den längst verflossenen Stätten,
Finden will ich letzten Sinn.

Und da bin ich Troubadour,
Keusch und ohne jede Tücke,
Wo ich bete und entrücke,
Dich zur ewigen Natur.

Und dann wird nur noch gelacht
Und gespielt, doch nur mit Hölzern,
Nur mit Damen und mit Börzern, *(böse Menschen)*
An die ich so nie gedacht.

Dort will ich dir Diener sein
Und ein ewiger Matrose,
einer ohne Herz und Hose,
Klein. Und kleiner als Kain.

Will dir dienen, dir entwachsen,
Eingebrochen unter Fachsen, *(freche Menschen)*
Ein gebrochen-altes Kalb,
nur zur Hälfte und dann Halb.

Muss dich in die Welt entführen,
Voller Elfen und Kamüren, *(frecher Menschen)*
Die zur Hälfte sind nur mein,
Weiser Stern. Du bist allein!

Muss dich auf zwei Wallen tragen,
Muss dir dienen, dir vortragen,
Liebessang und Liebesglut,
Alles in dir ist mir Gut.

Sag mir Alter, alter Gecke,
Mich besuche und bedecke,
Mit der Narrenkappe, schön.
Liebe, liebe, lebe, drön!

Hier will ich mir Häuser bauen,
Mit zwei Löwen, mit drei Frauen.
Und mit einer eitlen Kuh,
Ruhe Welt in dieser Muh!

Weiser Stern, du bist so stark,
Deine Kräfte sind mir Lanzen,
Ich will mich in dir verschanzen,
Dort wo alles leuchtend Mark.

Lass mir nur zwei Tage hier,
Und ich will dir rapsodieren,
Will in deiner Kraft ich klirren, *(wirren)*
Nur zur Weide, nicht zur Zier.

Nur zwei Tage lass mich deuten,
Was auf Erden ich geklaut,
Eine Wahrheit und zwei Beuten,
Wie auch giftig Hexenkraut.

Lass mich in dir Wut bezwingen,
Lass mich tanzen hier allein.
Wein ich möchte, Hexenwein!
Und darüber Lieder singen,

Und daneben tanzen schön
Und mich ausmusizieren.
In dem ganzen All blamieren
Unter irdischen Getön,

Da sind mir zwei Krüge Wein
Und ein altes Drachenpferde.
Gib mir Mut das Friede werde,
Hier ich Knechte nur zum Schein,
Trinken will ich Guskenwein!

Nur ein Knecht bei meinem Gott,
Der mich zu dem Stern entführet,
Der mich schlägt und dann bewühret *(bewirtet)*
Unterm südlich Abendrot.

Nur die alte Drachentracht
Will ich mit zwei Hengsten teilen,
Will nur lieben dann beeilen,
Mich zur letzten Morgenwacht.

Schön bin ich, drei Nächte schön,
Wo ich will mein Herz beweinen,
Weinen, weinen, Flüsse weinen,
Das die Erde ist verloren,

Meine alte Erde fort,
Zu dem Diener des Verrückten,
Auf den die Läuse zückten,
Alles Gift und Schmach und Wort.

Gib mir deine alte Hand,
Und ich diene dir als Knappe
Unter einer Narrenkappe
Im trajanischem Gewand.

Lass mich deine Mähne sehen
Und lass mich alleine traben,
Hin zum alten Königsraben,
Wo die edlen Reiter stehen.

Und mir sagen alter Mann,
Willst uns kennen mit uns reiten.
Auf alten Schweineweiden
Schlachten Säue mit dem Zahn.

Gib mir deine Narrenkraft
Und lass mich zum Himmel steigen.
Dieses Leben ist mir Reigen,
Nur ein Tanz der Freude schafft.

Hin will ich zu diesem Stern
Auf Säulen und Spießen.
Fließen will ich, rienen, fließen.
In die Sterne, ach so fern.

Und in mir ist nur Gewalt.
Alter König, junger Meister:
Ja, ich werde immer dreister,
Wenn ich werde klug und alt.

Und dann werde ich allein
Meine Schlösser aufbauen,
Mit den Räubern und Grauen
Diesem Weltall alles zein. *(verzeihen)*

Bring mir eine weise Last,
Die mich hin zum Stern begleite,
Wo man trinkt und Stuten reitet,
Nach der langen Freudenrast.

Und da bin ich Bursadin, *(Paladin des Zaren)*
Und ein Recke ohnegleichen,
Ohne Geld jedoch mit Teichen,
Teichen voller Fisch und Fang.

Kling du Seele deinen Klang,
Wind ist mir ein treuer Diener,
Wind ist Kraft mir und Verstand.
Ich bin König Traumsinner.
Ich bin König Traumland.
Liener, liener. Immer liener! *(gerader)*

Nimm mich Sternluft an der Hand,
Land seh ich und unentdecktes.
Land so ewig frisch und kant, *(schön)*
In mir bist du auferwecktes.

Reich die Seele, die gesanndt,
Mir ein frohes Lied zu singen,
In dem prächtigen Gebannt, *(sanftes Becken in Bädern)*
will ich zu dem Sterne wingen. *(schreiten)*

Gib mir Kraft du junger Hengst.
Kraft der Sterne, Kraft der Dinge,
Kraft die ich erbeten längst.
Liebe mit der ich Besinge.

Diesen edelsten Planet,
Eines Weisen unter Weisen,
Rett` mich Glaube, rette, rett`,
Auf allen Wellenreisen.

Storch ich bin und kein Komet,
Flügel hab ich und nicht Hufen.
Auf Erden war ich stet,
Hier will ich nach Freiheit rufen.

Auf Erden war ich Narr,
Hier muss ich nun Königen dienen,
Und dem Könige gewinnen,
Was vor tausend Jahren war.

Gib mir deine rechte Hand,
Du mein alternder Genosse.
Aus einer alten Gosse,
Komme ich vom Weltenrand.

Aus einem Ziegenstahl
Und von alten Ziegenweiden,
Hier will ich die Nachsicht meiden
Immerfort und überall.

Rette mich du fremder Gott,
Gib mir Mut und ewigen Frieden.
In der Not ich suche Brot
Und in Sicherheit die Lieden. *(Leiden)*

Suche ich dich hier und dort,
Und im Stern ich dich gefunden.
Nun will ich in dir gesunden,
Mein Beschützer und mein Hort.

22

Lass mich musizieren hier,
Wo im Baum ich dich finde,
Binde mich ans Holz, mich binde!,
Wie einst auch König Lear.

Er war dir ein treuer Knecht.
Und nun will auch ich dir knechten
Mit der rechten mit der fechten,
Mit der echten alten Lech. *(Fluss in Bayern)*

Sei mir Friede, Friedensfürst,
Lass mich in der Wohnung wohnen,
Nicht mehr ackern, nicht mehr frohnen,
Auf dem alten Weltgerüst,

Lass mich wohnen in den Hallen,
Nicht in öden und den kargen,
Nicht im Bösen und im Argen,
Lass mich meine Faust ballen.

Lass mich in das Himmelreich,
Wo ich diene den Propheten,
Nicht den hungrigen unsteten
Auf Kissen Smaragd weich.

Gib mir hier ein schönes Zelt
Einst wie bei den Sultanaten,
Wo kein Mensch kann mehr ermatten,
Wie es war einst in der Welt.

Lass mich ziehen. Lass mich ruhen.
Und ich will nicht mehr hier spießen
Unter Königen und Riesen
Will ich nur noch Wunder tun:

Schöne Wunder, Ehren-Wunder
Will ich, muss ich auch tun.
Diese Welt ist rund und runder,
Ich bin König in den Schuhen.

Weiser Diener des Planeten,
Muss mich in die Stadt geleiten,
retten, retten: Leben retten,
Will ich auch nach dem Streiten.

Nach dem Streit, die scheinen endlos,
Nach dem Streit Peremophon. *(indischer König der Endzeit)*
Fron ist alles heute Fron,
Sinnlos, sinnlos, alles sinnlos.

Nach dem Streit im Wüstenlande,
Nach dem Streit Telegonie,
Gib mir deine Lebensbande,
Ich bin König, siehe nie!

Ich bin König Wundertäter,
Einer der das Glück geraubt.
Narrenkappen, Narrenkraut,
Ether, Ether Lebensether.

König, König will ich werden,
König Knechte muss ich sein.
Unstet war ich auf Erden,
Unstet, ehrlich und allein.

Lass mich Narrenkappen biegen.
Narrenkappen und der Schmerz
Werden siegen, endlich siegen
In den Iden, in dem März.

Lieder will ich singen, singen.
Singen, singen wunderbar.
Narrenkappe du bist wahr.
Mir wird alles bald gelingen.

Tücke bist du mir, o Schmerz.
Eine Tücke unter Tücken.
Ich bin König Wunderherz.
Will mich vor dem Gotte bücken.

Will nach oben ich lobsingen
Und die edelsten Taten tun,
Hin zu meinen Königinnen,
In den alten Drachenschuhen.

Hin will ich zu dem Planeten,
Wo es alles weiß und schön.
Retten, retten, Gaben glätten,
Will ich in den kalten Frön. *(Liebesfrüchte der Aphrodite)*

Liebe mich du weise Muse,
Liebe wider dem Verstand.
Grusse, Grusse ewigem Schmuse,
Gebe ich die meine Hand.

Viel hab ich nun hier gefunden.
Nur zwei klitzekleine Wunden!

Viel ich, viel ich, allzu viel
In den alten tapferen Wunden.
Ist ein Sinn, noch ist ein (Un-)Bill,
Tapfere, tapfere, tapfere Seele.

Sind um mich und überall.
Ich der alternede Giball, *(Tapferer Krieger in Israel, Bibel)*
Mir ein neues Leben wähle.

Ich der alternde Gubur *(ebenfalls Krieger)*
Finde alte Königsweisheit
In der schwersten aller Starrheit.
Ohne Zeit und ohne Schwur.

Zeit ist Zeit, ist Zeit ist weit.
Und dahinter ist nichts Wahres,
Bares will ich und nur klares
In dem ewig langem Streit.

Schön bist du, o alte Welt.
Ich bin roter, roter Kelte.
Ja ich arbeite uns hellte,
Wo die anderen gebellt.

Lien ich bin, ein wenig schwien, *(schön)*
Deute alles als ein Wunder,
Süß das Leben und gesunder.
Schien mir, schien mir frien, *(frei)*
Ich bin Lehrling Rapsodien!

Karg das Leben und gesund,
Will mir alles Böse nehmen.
Ich will dieses Leben stemmen
Und den weisen Königsbund.

Und wenn ich dann einsam bin,
und will in die Seele schauen,
All den Lipsen und den Frauen,
Finden was verloren schien.

Finden was ich finden wollt,
Und die alte Dirne Muse.
Ich der Diener und Gerusse,
Ach ich Pfau, rau rollt.

Ach ich alter Megasinn,
Zeit von Zeiten ich gebese, *(genese)*
und in alten Zeiten lese,
Ohne Schuld und Zeitgewinn.

Alles, alles was mir schien,
Sinn, o Sinne, o doch Sinne,
Karg das Welltall voller Wliene, *(wusseliger Menschen)*
Karg im Geben und beim Diend. *(böse, edle Freunde)*

Alles, alles muss ich finden,
Muss ich straffen um so mehr.
Linden, Linden. Unter Linden
Ist kein Straffen, keine Ehr.

Hassen will ich in dem Note.
Bote, Bote karg ich bin.
Alles Leben ausrotte,
Alles Leben ist mir Sinn.

Lebensweisheit muss ich finden,
Muss ich finden wunderbar.
Bar ich jeder Hoffnung bar.
Will mich winden, will mich binden.

Will als alternd Parcevall,
Jede neue Liebe finden.
Und die Welt mit Glück umbinden,
Um ein Däumchen um ein Haar.

Will nicht schlafen, will nicht ruhen
In Sandalen und in Schuhen.
Ruhe, ruhen einsam ruhen,
Will und muss ich neben Schuhen.

Ruhen, ruhen, rapsomären
und dahinter ist Getöse.
Größe löse, ewige Größe,
Lässt mich alles Mut gebären.

Gier ist alles, alles Gier
In mir und in allen Wehen.
Ja, zu Gott will ich nun flehen,
Nicht mehr suchen und entwirren.

Lass mich in dem Schlosse stehen,
Lass mich stehen nur für Stunden,
Und die Seele lass gesunden
In dem Hoffen in den Behen. *(große Kanäle)*

Heiß hier, ach doch viel zu heiß,
Wappnen will ich und mich und röten,
Allen Menschen in den Nöten,
Ich der in der Seele Greis.

27

Ich, der in der Seele Wund.
Um mich treiben Honigstimmen.
Will hier dichten dann verglimmen
Auf diesem weisen Bund.

Ich der Deppen Vagabund,
Will in dieser Wüste tanzen
Mit den Flöhen ohne Wanzen,
Tun der ganzen Erde kund.

Wund die Seele, alles Schlund,
Schlund und Schlund und alles Böse.
Hier ist Leben und Getöse,
Hier ist Lust und Kraft und Hund.

Klirr, du Seele, leise klirr,
Muss dich kennen, muss dich lieben.
Unter allen Teufelsdieben
Will ich alterndes Geschirr.

Hungrig ich nach allem Wehen,
Und mich tragen Wüstenvögel
Hin zum Gögel, hin zum Mögel,
Hin wo ich die Welt versteh`.

Trage mich o alte Bank,
Trage mich zu Lust und Wonne.
Ja, ich gehe, ja ich frone
Ohne Klang jedoch im Rang.

Gib mir deine rechte Hand.
Lass mich in dem Lande wohnen,
Über allem Götter thronen,
Über allem Wüstenrand.

Lass mich Leben in Turgunt,
Wo die Kraniche hinfliegen
Auf alten weisen Schwingen,
Zu den Dörfern ohne Grund.

Hin muss ich zum weisen See,
Wo die Seele froh frohlocket,
Wo mich die Narzissin mocket, *(spießig anspricht)*
Wo lebt die junge Fee.

Dort ich bete und gesteh`,
Dass ich zu dem Gott geflehet,
Der mich liebt und auch verstehe,
Der mir sagt: Nach oben geh!

Sohn bin ich ein reicher Sohn
Ohne Sklaven ohne Dirnen.
Will hier leben, will hier ziernen *(umherlaufen)*
Ohne Lust und Gunst und Horn.

Ach, du alter Dombradin,
Ach, du alter Peitschenträger!
Ich bin König!, Minenleger!
In mir ist der größte Sinn.

Lass mich leben in Turgunt.
Lass mich dort ein Schloss dir bauen
Unter Dirnen unter Grauen
Vor dem größten Hexenmund.

Dort der Hexe Bier gebraut,
Der nichts wächst, die Locke graut,
Die der Gifttrank hält gesund,
Die auf Wolken Schlösser bauet.

Ringe, ringe, Feuerring,
Wo ich längst den Stolz gefunden.
Unter allen Vagabunden,
Über allem ist ein Ding.

Über allem ist Geklön *(böses Gerede)*
Und ich feiere und spiele.
In der Stanze, in dem Willen
Ist so wenig und flach Getön!
Sag mir Hexe: „Wer ist schön?"

Klug das Mädchen, das mich liebt.
Liebt und liebt und gibt und gliebet.
Sind die Alten nur ein Schind!
Diese Zeiten mich bediebet.

Lieb mich ewiger Planet,
Meine Seele dir gefallet
Über allen Sonnen strahlet
Der Planet, so schön und stet.

Über mir ist Nachtigall
König Winter, König Leben.
Geben will er, Leben geben
Und den alten Liebesgral.

Leben, Leben muss ich hier,
Unter Deutern und Sagern,
Unter Dienern und Belagern
Mit dem edelsten Geklirr.

Alle Schönen sind nicht frei,
Sind gesunken mit den Klonen.
Keiner wollte sie entlohnen,
Wenige wollte sie entsteinen.

Edel, edel muss ich sein
Und dem Königsgott lobsingen.
Unter Flügeln unterm Zwingen,
Alles, alles hier Gebein,
Schein, das Leben, Lebensschein!

Gib mir deine Winterschaft,
Lass mich fronen, sonnen, klonen.
Alles ist hier zweifelhaft,
Alles und auch nichts gewonnen.

Alles ist mir einerlei,
Nichts ist Glut und alles Friede.
Binde Kräfte, Kräfte, Friede,
Weih die Kräuter, Hexen weih!

Maus will und muss ich sein
Und ein wenig auch Heide.
Zu den Toren hin ich schreite,
Zu den Toren aus Gebein.

Zu den Toren aus Lehm,
Wo man mich zuend geleitet,
Auf alten Pferden reitet
Zu dem alten König Rem.

Schrei aus Steppen, schreie drei.
Liebe mich du Pfeffergreben,
Liebe mich wie den der frei.
Ich will alles Gold vergeben,
Das in diesem Pfefferklei.

Gib mir Königin die Ruh,
Die vom Himmelreich geflossen.
Aus Gossen, über Gossen,
Du, die Weise edle Muh!

Rette Leben! Leben Gret!
Ach du weißester Planet!
Dir fällt Reimsinn nicht die Ferne.
Ja, die Welt ist, lerne, gerne.
Sie ist All und das Gebet.
Rette mich, ich bin unstet.
Gib mir Halt und inneren Frieden.

Ich bin Harlekin hienieden.
Ich bin hier der Baffomet.
Rette mich vor dem Gebet,
Lass das Honigwasser sieden!
Ja, im März in den Iden.

Ja in tausendmal zehn Jahren
wird die Welt dann enden.
Wird mich zu den Ochsen senden,
Diese Welt, der wir verzeichen!

Reime, reime, reime, Reim.
Ich bin hier erst angeronnen.
Fronen muss ich, bei dir fronen.
Ohne edlen, edlen Schalm. *(Keim)*

Fort mit dir du junger Karakal, *(arabischer Wüstenfuchs)*
Alter Diener und Matrose.
Hier ist Donner in der Gosse,
In der losen Deuter-Zahl.

Kantig ich, ein edler Held.
Der dir muss in Strafen dienen.
Ich will mit zwei Mandarinen,
Dorthin, wo mich Gott umstellt.

In der Welt ist alles neu,
Alles mene, mene Tekel
Über ihr ein Gott. Ein Deckel.
Bin ich in dem Kraftgestreu.

Saras all du edler Dieb, *(Herr)*
Will ich zu mir sagen hören.
Und die Möhren sind mir lören,
Sind verloren mir im Sinn.

Kraft ich finde, wo ich such.
Suche, fluche im Gebälke,
Welk ich nur drei Tage welke.
Tusche, Tusche alles Tuch,

Hin muss ich zum weisen Stern.
Mir dort drei Pariner finden. *(grobes Gewebe)*
Und die alte Schlange schinden,
Die vor mir so ehern fern.

Vieles habe ich gestreut,
Und an nichts hab ich geglaubt.
Einen alten Stern geraubt.
Ene, mene, mene, neu.

Liebe mich du kranker Mann.
Liebe mich, sagt mir die Muse.
Von dem Unteren bis zum Fusel
Wahn ist alles, weiser Wahn!

Wahn ist alles was du bist,
Sagt sie mir im Überstiegenem.
Fliegen, Fliegen, Fliegen, Fliegendem.
Bist du wirklich ehern Ziest. *(Narziss)*

Du bist nur ein ehern Mensch,
Einer ohne edle Hose.
Auch ein ewiges Getöse.
Ketsch ist alles alles keusch. *(unecht)*

Alles keusch ist hier und Naab. *(Nebenfluß der Donau)*
Alles edel und vergessen.
Essen will ich, Leber essen.
Ohren, Schwachsinn, Krampf und Wahn.

Gib mir eine Kranke Riem`,
Die mir zürnet und mich begleitet.
Ich bin alles was ich bin,
Nur der Greiner mich hier leitet. *(streitsüchtiger Mensch)*

Und der Zänker ist mir Kraft.
Ewig stolz und ewig Friede.
Ja, ich laufe und siede,
Wie der Strahl der Freude schafft.

In mir ist es freudenhell.
Kraft und Spiel und Muse, Schuse.
Ich bin hier ein kleiner Merusse.
Warte auf göttlichen Befehl.

Und ich bin ein Rapsomeer!
Einer, der dich schirmt und leitet.
In die Seele spielt und scheidet.
Der mich ruft o Herr, o Herr.

Ich bin treu dir ewig Sieg.
Ich bin treu dir und ergeben.
Leben will ich, Träume geben,
Und den Blick und auch den Weg.

Schick mir Kraft, o edler Herr.
Schick mir Jugend und begleite,
Reite wenig, wenig reite.
Alles um dich ist nur mehr.

Alles um dich ist Getön.
Und um mich sind Stern und Sterne.
Lerne wenig, ewig lerne,
Alles dies was wunderschön.

Spiel mir dieses Lied vom Dach.
Dieses Lied, das mich begleitet,
Vor dem Bösen weidet,
Führt mich hin noch hellwach!

Ich der junge Saras all
Will zum König Unmut singen.
Und auf die Gewalt besingen
Ohne Häme ohne Zahl.

Ohne Häme ist es gut.
Und mich tragen alte Flügel,
Zügel und ein Wind der Zügel.
Monde Liebe, karge Lut. *(Glut)*

Krank ich bin kein bisschen mehr,
Will an Leib und Geist gesunden.
Wenn auch nur in Willen runden,
Alles fast so schwer, so schwer.

Karg ich auch mit Gewalt.
Halt finde ich hier nur in Reimen.
Zu den alten, kalten Scheiben,
Muss ich wie die Welt bemalt.

Mond, bin ich ein edler Mond.
In mir ist fast alles Friede,
Ja, ich bete und begieße,
Wo der alt Eidechser wohnt.

Wo die alte Gecken schafft.
Mich zum Könige begleitet.
Reitet auf mir, einsam reitet,
Und in mir ist Wärme Saft.

Leiter, Krieger will ich sein,
Der die ganze Welt umringet.
Sie benetzt und sie besinget,
Nur zur Liebe, nicht zum Schein!

Lebe, Lebe: Leben gebe.
Weiser Stern mir ein Gemach.
Ich bin König schwach und wach,
Zu der Sonne hin ich strebe.

Zu der Sonnen, wo ich rein.
Ich will nach dem Gotte suchen.
Der mich lieben will – besuchen
Und mein weniges Gebein.

Scheine Sonne, ewig Schein,
Lass mich auf dem Stern stolzieren.
Auf dem Stern, der ewig brennt.
Auf dem Sterne abstrahieren. *(dir nacheifern)*

Ich will dich zu meinem Sohn,
Sagt mir ewig alte Konne. *(starker Mann)*
Der hier lebe, der hier frone,
Wo so oft wächst edler Mohn.

Edelste von allen Wehen,
Edelste der schönen Weiden,
Muss du mich zum Gut begleiten,
Will dich kennen und verstehen.

Rot bin ich an der Gestalt.
An der Metze bin ich Knechte.
Meine Seele lacht und malt,
Meine Seele ist die echte.

Käfig bin ich in dir nun.
Wenig sammle ich und friere.
Herz mein, weine Seele, kliere.
Hier nun will ich mich ausruhen.

Hier auf weißerem Planete,
Auf schönen Mäusebeten,
Retten will ich, muss dich retten,
Eine längst versunkene Stätte.

Stroch bist du mein Sund, mein Hund,
Stolz in eherner Gestalt.
Ja, ich bete für dich Kund,
Ja, ich bete mit Gewalt.

Ja, ich bete an die Ode,
Ohne Schuld und Unterlass.
Rede, rede, rede! Rotte.
Rotte Kora, rede laut, rede – fass!

An dich ich mich nicht gewöhne.
An dich das du stumm doch mehr,
Mehr als alles was vorher,
Stöhne Geige, Erden fröne!

Liebe mich vor aller Welt,
Vor der Welt, die ich besinge.
Klinge Erde, ewig klinge.
Ich will Heimat die noch leer.

Ich will Könige hier sein.
Diener haben Diener geben.
Leben leben unter Reben,
Unter Reben, in dem Drein. *(Kunst)*

Unter Reben will ich sein,
Und nur den Narzissen glauben.
Muss dich retten, muss dir rauben
Deinen allerhellsten Schein.

Frei sind wir. Vom Herzen frei.
Nicht nur auf dem Planeten,
Ganz verschieden – einerlei.
Betten, betten – Gott anbeten!

Glut ist Sonnen, Glut und schön.
Will ich denken, will ich singen,
Von den ewig alten Höhen.
Auf Bettler muss ich trinken.

Karg das Leben in Walhall,
Karg und ohne jede Größe.
Dorthin ich in Betten flösse,
Dorthin in das alte All!

Niemand soll mir Herre sein,
Niemand will ich sklaven müssen.
Unter edelsten Genüssen
Bin ich König, König Hain.

Bin ich König Rhapsodien?,
Und ein wandernder Karosse.
Meine Heimat Bettlehrgosse,
Meine Krönung Melechin.

Schön ist diese Knechtsgestalt,
Die mich schützet und umrundet,
Die von allem Leben rundet,
Die alles Leben hier gemalt.

Die das Leben hier gestielt.
Und ich gaukle im Regen
Auf alten Bahnen, Wegen
In klamaukischer Gestalt.

Schön bin ich, zehn Jahre schön.
Niemanden will ich betteln müssen.
Unter wandernden Genüssen,
Geb` auch ich ein Welt Getön!

Klönen, klönen Menschen möhen, *(anderes Wort für klönen)*
Will ich auf der alten Mar. *(Welt)*
Heute ist das Geben wahr,
Morgen ist es nur noch tönen.

Heute bin ich hier nur Narr,
Morgen wandernder Gibote. *(starker Mann)*
Rotte, Leben, ausrotten.
Will ich Teufel um ein Haar

Leben geben, ist ein Wort,
Eine Stimme, die uns tröstet.
Röstet, röstet. Leben kostet,
Dort im Warten Richtung Hort.

Wohin zieht`s mich? Hin zum Stern?
Hin zum Sterne Rapsodonie.
Gerne ist die Ferne, lern.
König bist du. Hektor: Schrie!

Hier bin ich einst aufgewachet,
Aufgewacht auf einem Sterne.
Lerne, Lerne viel zu gerne,
Wo die Sonne, ewig lacht.

Wo die Sonne ist mir fern.
Fern der Heimat, des Planeten.
Ich will meine Welken retten. *(Narben)*
Und die Lüge nun verzerren ...

Und die Lüge ist Geschmaus,
Und der Schmaus ist Gottes Segen.
Legen, legen, auf mich legen,
Muss mein König mir ein Haus.

Fliege ich zum End des Alls,
Wo mich treten Albatrosse.
Über mir der Herr des Mose,
Über mir der Feuerball.

Ja, ich fliege hin zum Mond.
Weg vom weißeren Planeten,
Wo ich war in dünnen Ketten,
Dorthin wo Selene wohnt.

Dorthin wo es schön und still,
Und man meine Mine findet
Und ins Dunkele verschwindet,
Unter Jenny Berg Beryll.

Schön ich dort als Parcevall.
Schön von Kindes Beinen, schöne.
Und ich gaukle und Mohne,
An das unendliche All.

Ja, dort bist du mir ein Narr,
Sagt mir König und danket.
Ich bin ewig, du bist Zar,
alles ist nun Wunderbar.
Nichts mehr flattert, nichts mehr zanket.

Alles ist nun ehrenfalls.
Als ein schönes Brett zu können.
Föhnen will ich, Häuser föhnen
In dem Namen des „Pokals."

Klug bist du, mein Paladin.
Willst mir Rettung, Rettung schicken.
Ich will meine Hosen flicken,
Wahn ist Wahn und Schmach ist Sinn.

Gib mir deine linke Hand,
Und ich will dich nun begleiten
Zu Narzissen, zu Arbeiten
Zu dem fernen Steppenland.

Gib mir deinen Fuß dazu,
Und wir gaukeln und spielen.
Auf zwei Ringen und mit den Zielen.
Leben ohne Zeit und Ruh.

Krank ich, in dem Geben krank,
Will an Mark und Geist gesunden,
Mit den Jacken mit den Lunten,
Leben ist doch ewig lang!

Lass mal alternder Gibbon,
Einen Pfennig mit sich führen,
Mit Vandalen und mit Krakeelen,
Dorthin wo es ewig Tag.

Dort, dort oben auf dem Mond,
Muss ich tanzen und Gift mischen
Mit den Klugen in Harnischen,
Dorthin, wo die Nike wohnt.

Lass mich ziehen König Dahn,
Lass mich fließen zu Bengalen.
Dorthin wo die Freuden wallen,
Wo du ewig Mondes Bahn.

Klar ich in der Seele war,
Und in mir ist nur Getöse.
Alles eifrig, alles böse,
Nur nicht in der alten Mar. *(Welt)*

Alles in mir ist so alt.
Welt und Weltall will ich heißen.
Hier und dort und überall
Muss ich leben, Gift zerbeißen.

Beißen, dass die Welt vergeht,
Dieser weißeste der Sterne.
Lerne, lerne König lerne,
Dass die List nie mehr versteht.

Künde König, künde fern
Vom Verlies und der Zisterne.
Bünde mich im Ärmel Sterne,
Eifrig bin ich in der Ferne.
Dort, wo alles allerlei.
Frei ich glaube, fast frei!

Kluft ich trage, Kluft allein,
Und dahinter ist Gebraus.
Wagend, wagend, tragend Wein
Bin ich in des Vaters Haus.

Hier mein Vater ist Gekrös,
Dort mein Vater Pergamone.
Kohle, Kohle, walle, grolle!
Ich bin nur dein armer Sohn.

Sohn bin ich von dieser Erd,
Habe dich so sehr vermieset.
Erde sei mir besseres Pferd,
Und die Herde ist gemisset.

Schön ich an der weisen Wang`.
Schön ich auch am Pergamone.
Ewig lange, ewig lang,
Fron ist alles, nichts ist Donne.

Liebe aus der Welt du Dieb,
Liebe auch den Verstand.
Gib mir deine Narrenhand,
Und ich dich als Menschen lieb.

Lies mich vor der Spiegelwand.
Ich bin König nur im Wahn,
Gib mir deine Narrenhand,
Bleibe ewig hier doch stan.

Liebe mich zur letzten Stunde,
O Selene wunderbar.
Alles Reine von dir künde,
Ich bin Dichter Waldemar..

41

Böse, böse sind die drei –
Mowau, Parmi und Bärgin.
Machen Tote wieder frei,
Geben ihnen den Beginn.

Lass mich spielen deine Lieder,
Deine Könige, die leer.
Lies mich gerne, lass mich Bär,
Lass mich immer wieder wieder!

Deine Liebeskraft ist schön.
Und in mir sind Pegasuse.
Ich bin Diener und Gerusse,
Fröne ich dir, wenig gön.

Parcevall ich hieß und dort
War ich König Sallasalla.
In mir war kein einzig Wort.
Hin ich wollte nach Wallhalla.

In die schönen Felsenhallen
In die Berge und Kamine.
Alles vor mir nun zerrinne!
Ich bin nun nur noch in den Saalen.

Gold will ich nun doch nicht mehr.
Will kein Schatz ich nun mehr finden.
Will nun kinnen und nur sieden.
Dort wo alles stumpf und leer.

Dort will ich nach Wachten sehen,
Suchen und das Glück verstehen.
Unter Menschen, die mich stehen,
Muss ich als Vergil gehen.

Muss ich als ein Rapsodier
Lieben, leben, geben lernen,
Und zu diesen edlen Sternen
Rufe ich seit je, seit je.

Gutes will ich dir nun tun,
Unsere Verflossene Liebe.
In dich liebe ich und schiebe
Da ich in den eignen Schuhen.

Will und muss dir König werden,
Einer aus dem Andauern.
Ich will wenig kleine Feiern,
Ich will trinken mit dem Pferden.

Wenig ich umher gerannt.
Wenig ich umher gewogen,
Und das Leben großer Bogen
Mich getrieben an die Wand.

Mich umringt ein gelber Staub.
Nur ein Staub, den ich sehe.
Gehe, gehe und vergehe,
Ich von meinem Lebensraub.

Sohn bin ich, ein großer Sohn
Ohne jegliches Verlangen.
Über mir die Götter wachen,
in mir alles Spott und Hohn.

In mir ist ein Perikles,
Einer der dem Alten dienet,
Der verzeiht und mich besinnet.
Alles kalt, alles Hex.

Nimm mich auf Mondesfrau,
Lass mich deine Klage hören.
Zu den Zwergen und den Chören,
Lass mich bringen dir den Pfau.

Lass mich unter deinem Rot
Nach den Mondesnächten schauen.
Ich will liegen hier im Grauen.
Ich will pflegen das Gebot.

Ich will pflegen Lebenssinn
Und dir Lieder schön lobsingen.
Unter deinen Liebesklingen,
Rien du Zeit auf ewig, rien!

Schön bist du, du helle Frau,
Ich will zu dir auf Schwingen.
Mir muss Heben hier gelingen.
Nur noch dir ich hier vertrau.

Frau, Frau lass mich ziehen,
Ich will wieder zu dem Sterne.
Wo ich arbeite und lerne.
Wohin ich kann immer fliehen.

Lass mich eitlen Parcevall
Zu den Königen fortfliegen,
Und lass mich in Torgur siegen.
Immer dort und in dem All.

In dem All bist du so kalt,
Du willst bunte Blätter reiben.
Und mir in die Seele kleiben,
Deine eherne Gewalt.

Und dein alter Bohumet
Will mit dir ein Kälbchen schlachten.
Ich will dich hier nicht mehr achten,
Ich bin nun mehr Sohn des Set.

Ich bin nicht mehr Sohn des Kain,
Keiner aus den Versagern.
Lagern will ich, weise lagern,
Und nicht dienen mehr dem Schein.

Liebe diese alte Welt,
Sie wird dir ein neues reimen.
Ich will ewig dienen, schleimen,
Um den schnöden leeren Held.

Lass mich dienen hier in Hohn,
Sage ich zu den Barbaren.
Hier wir leben, Freunde Narren.
Ob wir leben in dem Mohn?

In dem Mohn ist vieles schön,
Vieles was wir nicht verstehen.
Gehen will ich, aufwärts gehen
Mit den Winden mit den Böen.

Was willst du hier Weltenmann?,
Frage ich dich, die Selene.
Mähne, Mähne, blonde Mähne
Und dahinter Traum und Khan.

Nur ein Khan und doch kein Wahn,
Nur ein Leben ohne Liebe.
Du bist Mann und Hengst, Kiebe.
Ich bin doch ein junger Zahn.

Liebe mich du Silberdirn!
Nimm mich doch, ich will nicht fliehen –
Zu dem Domen-König ziehen.
Nur bei dir ich seh` Gewinn.

Reiße nieder Berg und Stadt,
Reiße nieder alles Böse.
Ich bin wanderndes Getöse.
Ich bin müd `doch nicht mehr matt.

Reiße nieder was gelenkt,
Reiße nieder Burg und Schanzen.
Ich will in der Welt vortanzen.
Wo es Schmach und arm und entwelkt.

Hieb mir nur zwei Rosen ab,
Und ich will dir einsam dienen.
Über die Narzisse sinnen,
Über den Lavallienstab.

Über den Kolonierat,
Dort wo wachsen Pappeln, Rosen,
Und ich will die Welt bemoosen,
Stadt zu Stadt und Garn nach Bart.

Ziehen will ich in die Welt,
Die mich tröstet im Behagen.
Ich will neue Träume wagen
Überm hellen Erdenzelt.

Lass mich heute Narre sein,
Narre, Narre unter Wallen.
Ich will diese Welt bestrahlen,
Wein ist Glück und Glück ist Schein.

Alles Glück ich kaufen wollt.
Ist mir nur ein wenig Pfande
Aus einer Narrensande.
Gold ist wenig, ich gewollt.

Gold ist schöne im Geschirr.
Gold ist ewig umständlich.
Alles hier ist doch so endlich,
Wie einst sagte König Lear.

Sage mir o Albatros,
Warum ich so spät gefluche
Unterm schönen Himmeltuche,
Ist viel altes deutsches Moos.

Ist viel Schaden und Gebälk,
Ist viel Glück das ich bewandert.
Mich die Alpenseele standert,
Um die ganze weite Welt.

Lass mich alter Busradien
In die Wüste, ich alleine,
Um die schöne Mine weine.
Geld ist wenig Glück, ein Welk.

46

Komm doch, komm zu mir zur Stadt,
Stadt ist Stadt und Stadt ist nahe.
Dort wo ich auch halte Rat
Im Gebraus und im Geweihe.

Und empfange Königsweihen,
Weißes Meer, du bist allein,
Ganz allein in der Stille.
Mach mich freulich im Willen.

Wie im alten Drachenwein,
Altes Meer, o tanz, o tanz.
Volles Meer du unter Wassern,
Gib mir Recht und stanz und stanz!,
Auf den Plätzen vor den Hassern.

Zu dir laufe ich o Meer,
Zu den kraftlos, kalten Klippen,
Zu den Teufeln und Lippen,
Dort, wo schön die Wiederkehr.

Geld ist alles was ich will,
Alles was ich will im Kampfe.
Und das alte ist zu viel,
Ist mir Herz und Sinn und Zapfen.

Liebe, Liebe, Liebe – Tanz!,
Wie der alte König Franz!

Liebe, liebe, nicht betrüge!
Alles Leben ist nur Glanz,
Doch das Gold ist für den Hans
Und dahinter zumeist Lügen.

Wo dahinter ist Geschmaus,
Ein nur altes Narrenstreben.
Hin ich gehe, dort ich flehe
Vor des meinen Vaters Haus.

Klemm dich fest an mir, du Schuld,
Ich bin Tänzer und Gibure.
Welt ist Glück und Liebe Pfuhle,
Gott ist Liebe, Gott ist Huld.

Lass mich treten ins Verlies.
sehe Mönche und auch Weise.
Ich bin auf langer Reise,
Dort wo ich nur Ziss und Siss.

Dort wo ich Pygmalion,
der die Tote Stadt belebet
Und die Tulpen aufhebet.
Ohne Hass und Neid und Hohn.

Ich will dir nur Diener sein,
Schöne Welt du ohne Sklaven,
Ich will dir sein neuer Hafen
Und ein neues Stachelschwein.

Freie Herren sind mir Freuden,
Und die Menschen, die mich scheuten,
Und die Leben sind so frei,
Nichts ist mir der König Wein!

Ima, Ima, Imana
will ich zu der Runde sagen.
Und die Ewigen befragen,
Was hier trüge, die nie Mar.

Wo hier List ist im Gebälk?
Wie hier Glück und Glück im Weinen.
Ich muss Könige bekneinen, *(beknien)*
Könige die alt und welk.

Grüße mich du ferner Gott,
Kröne mich in deinem Borne.
Ich bin Sklave nur im Zorne,
Ich bin Sklave nur bei Not.

48

Ich bin Bruder in der Not,
Und in Nöten bin ich weise.
Glück, nur Trug, dann bin ich Greise,
Greise, weise ich im Rot.

Und im Rot, da ist Geklön
und ein weiser alter Zustra.
Nur ein Muster ist so duster.
Alles und dann nichts ist schön.

Und ich will der Meister sein,
Dir dem weisen Paladine.
Sinnen muss ich, teuflisch sinnen
Wie ein alter Kapuzen ...

Krank ich, krank ich nicht mehr bin.
Schön die Liebe, weit sie schien,
Nur ein neuer Lord und Kapuzen.
Krank ich, schön ich, nicht mehr sinn!

Krank ich war, weil ich vergaß,
Weil ich nach der Liebe schaute.
Und den Raben ich vertraute.
Hass ist Liebe, Liebe – Maß?

Liebe, Liebe was willst du?
Willst mich tragen und erlösen.
Von dem Kranken und den Blößen.
Ruh ist Liebe, Liebe Ruh.

Was willst du, mein Purpurpur,
Reken Freund und Barbare?
Schön die Liebe, als sie fahre,
Und ihr Leben ist darin ...

Schön die Liebe und fast wahr.
Wunta, wunta, wunta, tara.
Gib mir eine Kurtisane,
Ich bin König hier und Narre.

Narr ich bin ein bunter Reke.
Spiele, spiele, ewig geb.
Ich bin Sklave hier und Gecke,
Lebe ewig, stolz ich leb.

Schau mich an, du Liebesflosse,
Schau mir du nur ins Gesicht,
Dort im All war ich Genosse,
Hier bin ich das letzte Licht.

Gebe mir du doch eine Reife,
Eine Reife gebe mir.
Kann ich dich am Rücken kneifen,
Wie einst auch der Rapier ...

Und ich bin hier nur ein Sohne,
Nur ein Mann und dünn dran.
Wohne bei der Tante, wohne,
Ich bin König nur im Wahn ...

Ich bin Prinz hier und ein Recke.
Ich will dienen deiner statt,
bin nur Bohne hier und Gecke,
Einer, der fast alles hat.

Schön ich, sieben Tage schön
und dahinter sind viel Hosen ...
Gelbe Tulpen, graue Rosen
Und das himmlischste Getön.

Stille mich du Haus der Liebe.
Knecht bin ich andeiner statt,
Wohin treibst du mich, o Stadt.
Diese Welt ich nicht verschiebe.

Diese alte Wunderwelt,
Die mich tröstet lind, und nähret,
Die mein Leben stolz beehret.
Alles und dann wenig zählt.

Wenig zählt mir Raum und Zeit,
Fast schon, fast schon bin ich weit.
Drusse bin ich, nur ein Drusse
Und im Herzen nur ein Streit.

Fliegen wollte ich zum Plot,
Diesem weißesten Planeten.
Dort im weißen Sternenboot,
Und die Welt wollt ich fast retten.

Diese Welt, nur Schein und Trug,
Und im Finsteren ich scheine.
Einsam wie die klugen Schweine.
Diese Erde nur Betrug.

König war ich doch nicht mehr,
Nur ein Sklave meiner Gierden. *(Begierden)*
Keiner wollte mich bewirten.
In mir alles krank und leer.
König gib mir Wiederkehr!
Ich will hin zum Schweinehirte!

Alles habe ich gelernt,
Dass das All schien mir fast ewig.
Alles gut und deutsch und schwer.
In der Welt, in der ich wenig!

Diese Welt ist nur noch gut,
Eine Welt ganz ohne Hassen.
Ich will vieles hier verprassen,
Ich will streifen ohne Stutt`.

Stolz bin ich nur noch für drei!
Wenig stolz, nur wenig, Pfennig.
Mach mich alte Dose frei.
Mach mich hellig, heilig – sehnig.

Zu dem weißeren Planet
Muss ich auf Engelsflügeln
Meine Falten ausbügeln.
Rett` mich weiser König rett`!.

Stolz ist doch fast alle Habe.
Rabe, Rabe „Wabennu"!
Grabe, grabe Mädchen grabe,
Finde hier die deine Ruh`.

Grabe, grabe Däumchen grabe,
Alles ist nur leer und kahl.
Ich will hier den heiligen Gral,
Trabe, trabe Pferdchen trabe.

Mädchen, Mädchen was bist du,
Schön und ohne jede Prüfung.
Ich bin die Verinnerlichung,
Alles schöne hier Wabenau.

Glaube mir du weißer Stern,
Mir und deiner roten Rose.
Ich bin Diener und Genosse,
Flehe zu dem alten Mose,
Der scheint mir so ewig fern.

Frei bin ich, ein wenig frei.
Gott schützt mich ein wenig weise.
Ich bin auf langer Reise
In dem jahrelangen Mai.

Weise fragen nach dem Steg,
Weise fragen auch nach Frieden.
Dort wo es stürmen will und sieden,
Und man seine Liebe leg!

Zu dem Berg, der ewig hält,
Zu dem Berge ewig Frieden.
Sieden muss das Wasser, sieden.
Sprudeln wie das Geld das Geld.

Wenig ich umher gereist,
Wenig ich umher gezogen.
Ich bin König allermeist.
Und vom Leben wurd ich trogen.

Und dahinter ist Gedank,
Muss zu Guten und den Alten.
Doch noch König Bieberrak
Und die Welt will ich bewalten. *(beherrschen)*

Alles gleich und doch verschieden
Weise, weiß ich dort doch wahr.
Auf dem Mond und dann hienieden
Bin ich aber nur ein Narr.

Diese Welt so klug so schön,
Wo es alles gleicht dem Gleichen:
Von der Steppe ewigen Höhen
Muss ich flehen, muss ich weichen.

Klug ich, doch nur klug im Kopf.
Einer aus den Humosen,
Alles Leben ist ein Schropf,
Und dort singen Weidenmusen.

Alles Leben ist mir Vall,
Fest ein Fest das kaum endet.
Und die Mar will überall. *(Mar-Welt, Waldemar, Weltenherrscher)*
Welt sein, Spiel sein, alles wenden.

Eine Welt, die alles schönt,
Ewig All, das vorgeschoben.
Das ich von den ... vor dem Wöhn. *(Leben)*
Nur ein Christ, den alle loben.

Christ war ich für Ewigkeit,
Einer mit zwei Kelkenstücken. *(kleinen Stücken)*
Dorthin wo gar keine Zeit
Muss ich mich hinweg entrücken.

Und der König Danaem *(der des weißen Planeten)*
Will mich trösten, mir verzeihen.
Für mich eine Nymphe freien,
Die er küsset und ich stämm.

Will nicht rasten, muss doch ruhen,
Muss in diese Stepp` hinaus,
Hin zu meines Vaters Haus.
Und dazu in fremden Schuhen ...

Nun muss ich ganz Flügge werden,
Hin zu Welt und schwimmen lernen,
Zu den Kranken und den Pferden,
Will ich, muss ich dort gebärden.

Kranke Männer wollen schimpfen!
Junge neue Tempel weihen,
Alles kann uns Gott verzeihen.
Wir sind Kinde,r die nur glimpfen.

Klug ich, klug ich und fast gleich,
Einer aus den Gemosen.
Kraft ist Liebe – Liebe, reich!
In den Schönen zu den Großen.

Wollen, glauben, fast nur ruhen,
Schätze sammeln auf Erden.
Sind nur junge Menschenherden,
In den schönen Königsschuhen.

Brauchen einen Trabant,
Der sie lehret und begleitet,
In das Leben schreit und schreitet.
Gib mir deine Geckenhand!

Zu den Stöcken muss ich gehen,
Wo mich Kranichflügel tragen,
Und die Kuppeln überragen,
Bei den großen Keller-Fehlern.

Wohin mich der Weg auch kürt, *(führt)*
Ich will nur die Dummen reiten.
Zu den unendlichen Weiten,
Ohne Liebe knapp geschnürt.

54

Keine Skrupel will ich kennen
Aus zwei dreiviertel Rosen ...
Diese Welt der Männerhosen
Ist die Welt ganz ohne Lehnen.
Strahle Mond beim Sehnen-Gähnen!

Welt ist Welt! So lebe, schreie!
Falsche Freunde will ich hassen.
Dort ich hatte keine Weihe,
Hier hab ich nur noch die Nasen ...

Fast nur Hecken und Gebrune. *(große Brunnen)*
Und die alten Freundesfrauen
Ich bin hier ein Dienstharpuner.

Muss mich in die Wüsten trauen,
Trauen, trauen, Menschen lieben.
Muss ich auch zu Freundes Stünd,
Ja, ich halte meinen Mund.

Und die Gelder muss ich sieben,
Dorthin zieh ich Richtung Ost.
Wohin mich die Flügel tragen,
Wo die Erde dünn bemoost
Und die Bajonette ragen,
Ja, ich schreite Richtung Ost.

Und dort bin ich nur ein Narr,
Einer der nur spielt und büßet.
Ja, ich lebe in dem Müssen,
Klar die Liebe – schön und wahr.

Schon bist du für mich allein,
O du meine große Selene,
Weine, weine, weine, wein,
Ich mich in dir einsam wähne.

Ich dich nur in deinem Mund,
Und ich laufe im Segen
Ewig jugendlich gesund
Auf alten Bunzenbegen. *(Wegen)*

Lass mich hier ein Gecke sein,
Ich muss in dir tanzen, tanzen,
Mit zwei Pfennigen, drei Wanzen,
Unterm hellsten Sonnenschein,
Muss ich knarzen, knarzen, knarzen.

Unter hellsten Baldachin
Will ich um die Wette sinnen,
Und die Könige erschwimmen,
Sinn mir alles sin ex sin.

Ja, ich schaukle allein
Meine alte Rapsolone
Meine kleine deutsch Melone *(großer Zylinder)*
Mit zwei Bottichen voll Wein.

Gib mir deine Freundeshand,
Ich will nun dir nicht mehr dienen
Unter allen Baldachinen
Miss ich nur zwei Liter Lant.

Nur zwei Liter der Kultur,
Lass mich deine Linse spüren
In der kärglichen Natur,
Zu den kriegenden Broschüren.

Zu den Weisen will ich ziehen,
Und zwei Narren ausgeben, *(Dinare: Währung im alten Persien)*
Leben schenken, Leben geben,
Hin zum Mose will ich fliehen.

Hin will ich zur Stadt am Meer,
Wo mich Kraniche begleiten,
Wo ich spinnen kann und scheinen
Nach dem König Dagumär.

Er will alle Welt entführen,
Sie, die auf Stelzen ruhet,
Niemals liebt und niemals buhet.
Will er mit der Hand berühren.

Alte Welt, drei Tage alt,
Und in ihr will ich flammieren,
Mich hinwagen, nicht genieren
Mit tyrannischer Frabalt. *(stärker als Gewalt)*

Alt ich, sieben Tage alt,
Und ich laufe im Regen
Auf alten Guskenwegen. *(Etrusker)*
Wo es donnert und es schallt,
Lass mich in die Welt, die kalt!

Wo man mich in Tulpen sieht,
Und man Frauen sieht geschmücket.
Und man tauchet und rücket. *(Acker)*
Alles in den kalten Sand,
Gib mir deine Narrenhand!
Mit der schrecklichsten Mamalt. *(noch stärker als Gewalt)*

Sinn ich über Talbot, sinn`,
Und verzeihe schöne Klänge.
Ich verzeihe und ich wecke
Eine junge Königin.

Und wir wandern nur zu zweit.
Um die Stadt, die Stadt der Liebe.
Sinne, sinne, an mich sinne.
Streite, streite ohne Kleid.

Auch einst Bruder Grinn,
Der mit Höckern mich berühret,
Mich benetzt und auch umschnüret,
Wie die alte Königin.

Da mein Meister ist Brabant,
Der da trommelet und spielet,
Über meine Erde sinnet,
Im schlumpichtesten Gewand.

Wir sind allein, allein geboren,
Haben nur Mut, nur Mut, nur Kraft,
Drei Augen und auch zwei Ohren
Und einen Gott, der Leben schafft.

Das Gewandt ist mir das Meer.
Und so herrlich fast schon findig,
Finde ich die Wiederkehr
Und nicht weniger besinnlich.

Ganz bin ich ins Leer vertieft
Von der Jugend stolzer Jahren.
Ich muss hin zur Steppe fahren,
Dort wo alles, nichts ist schief.

Hin muss ich zur Rapsodie,
Zu dem Wege, zur Kanüle,
Findig ewig ohne Mühe
Die macht kluge Menschen frie. *(eigentlich frei)*

Der macht mir ein Klang Getön,
Dort im alten Drachentempel,
Will ich, muss ich in die Fernen,
Hin zum Leben – hin zum Föhn!

Dorthin zu dem jungen Schein,
Wo mich Jugenden umscheinen
Unter alten Dattelpalmen.
Von dem süßesten Gewein. *(Wein)*

Wohin willst du, König Kopf?,
Wo dich niemand dann mehr findet!
Und der Narrenstolz verschwindet,
Mich umringt ein roter Kropf.

Dort, dort oben ist das Narr! *(das Narrativ)*
Blinde spielen auf den Flöten,
Und ich gaukle mit den Blöden,
So als ob ich immer war.

Und Selene war nur Schein,
Eine Muse Deuter, Dirnen,
Ich will suchen, ich werd` schinden
Meinen alten Bruder Wein.

Ich will suchen unter Birken.
Kraft der Buchen will ich sein.
In der Welt wird König lirken. *(anderes Wort für wirken)*
Und mein Leben: Trug und Schein.

Und mein Leben ist Getöne,
Eine Fabel der Fabalt.
Ich will dich zum Elend klönen,
Und mein Leben – Urgestalt!

Feiern will ich hier mit Musen,
Meinem König Bote sein.
Dieses Leben hier nur Schein,
Hier bei Warburgern und Drusen.

Trotz alldem bin ich nun frei,
In der Welt der tausend Stürme,
Würmer, sein wir auch nur Türme,
Und dahinter sind nur drei.

Nur dreihundert sind es Wanzen,
Nur vierhundert will man schreien,
Feiern muss ich. Nelken freien
Unter Dienern, unter Lanzern. *(veraltet Soldat)*

Kranke Lanzer leben länger,
Wie die Großen es gewollt.
Unter Dieben und Warägern,
Nur mit Gold und Geld und Sold.

Niemand lebet um zu sterben,
Keiner sterbet je allein.
Gott begehet, Gott beerbet
Auch den alten König Kain.

Niemand gibt mir, eine Rose,
Eine Rose nur für drei.
Muss ich hin zum alten Mose?
Ihm ein starkes Kälbchen weihen.

Hin will ich zu Vagabunden,
Die da bändeln nur umher.
Laufe zur Wiederkehr.
Unter Palmen nur Gesunde!

Wüstenfrei zieht Paladin,
Hin zu dieser Stadt der Nelken.
Niemands Herr ich. Lieben welken.
Und nur Gott gibt ewigen Sinn.

Hier ich stehe an der Pfort`.
Wo ich lache, wo ich schreie.
Und die alte Kerzenweihe
Treibt mich eifrig Richtung Nord.

Klug ist alles, was ich will.
Und das Klügere ist weise.
Ich will einen Mentor – Greisen
Und nicht einen Paladin.

Schrei mich an! Ich bin hier musisch.
Und in mir ist alles dort.
Ich bin stolz, dass ich so krussisch.
Alles ist das erste Wort.

Das Wort ist Saft, ich bin allein!
In dem schönen Zelt aus Eisen.
Ich kann Blumen ausreißen,
Jedoch nicht, den Meißel-Stein!

Kraft ich meines Amtes bin,
Und dahinter bin ich weise,
Auf einer langen Reise
Hin zum alten Kaiser Min.

Schön ich, sieben Jahre schön,
Fabeln tragen, mich Intrigen.
Ich will alle Menschen wiegen,
Heben in die höchsten Höhen.

Liebe mich du größte Schuld.
Höchste Gunst ist mir die Reise.
Ich bin jung, doch nur im Kreise,
Brauche nur noch Geduld.

Und die Mütze ist genäht
Aus sieben Jahre Stoffen.
Von dem Mann der sich erfleht.
Rote Lieben, rote Rosen.

Nur zwei Geigen und Almosen,
Will und muss ich geben weg.
Leben will ich wie ein Geck
Unter kleinen und den Fosen.

Rot ist rot. Was will ich sein?
Nur ein Mann mit sieben Hosen.
Ich bin König, nur im Bloßen,
Nur in bösester Gewalt.

Trost such ich, ein wenig Trost.
Und im Herzen bin ich weise.
Und mit Steinen ich hier schmeiße
Aus Erde, die bemoost.

Aus Erde die im Wald,
Die im alten Wald gefunden,
Aus alten Grabenwunden,
Die so ewig und uralt.

Karg die Welt, so alt und karg.
Willst nicht lieben und hier walten.
Zu den ewigen Gestalten,
Will ich in das schönste Mark.

Alles mache ich was freit.
Alles, alles was nur nötig.
In der Liebe ist Arbeit.
Ich bin allem ehrerbietig.

Alt ich, nur vier Jahre alt.
Will an Leib und Geist gesunden
Und die ganze Welt umrunden,
Mit fahrerischer Gewalt.

Jung ich, sieben Tage jung.
Und die Welt ist nur noch Liebe.
Und ich gaukle und schiebe
Nur in der Erinnerung.

Und ich gaukle allein.
Auf Straßen mit Laternen,
Unter Bäumen unter Sternen
Mit (nem) Becher Guskenwein.

Halt find` ich im Steppeherren
Und im alten Rapsodieren.
Irren, irren und verlieren
Und dem Beten vor dem Stern.

Vor dem hellsten mit Gewalt,
Vor dem hellsten aller Sterne.
Alles in mir ewig schallt,
Was ich hier im Nu erkenne.

Krank ich bin, kein bisschen mehr
Und dahinter alles Rute.
Gute, gute, immer gute,
Schreibe ich die alte Mär.

Treibt mich eifrig Richtung Berg,
Falls ich übern Steg marschiere.
Drei sind eins und vier sind Werk.
Ich so einsam wie Harlekine.

Dort beim König Dagomär
Will ich tanzen, spielen, tanzen,
Mit den Pichlern und den Wanzen.
Freuen mich zu sehr als Herr,
Sag mir König Dagomär.
Leer die Welt – vier Tage schwer?

Peter Hort, geboren 1986, lebt in Stuttgart. Er arbeitet als Wirtschaftsassistent. Er veröffentlichte bereits Gedichte in den Bänden „Im Mosaik der syrischen Spuren" und "Sommernächte mit dir" des Literaturpodiums.

Gespiegelte Landschaften

Blaue Erzählungen und Gedichte

**Elisabeth Gehring, Helmut Glatz, Volker Teodorczyk,
Peter Lechler u.v.a.**

428 Seiten, 2019

Wahre Feen tragen blau. Doch was kann helfen gegen einen Vater, der arbeitslos geworden, jedes Maß für ein gelingendes Leben verliert? Die Irrungen und Wirrungen eines Verlegers nimmt eine andere Erzählung aufs Korn. Mit einem blauen Scherenschnitt gelingt einer jungen Künstlerin etwas Besonderes, nur leider bemerkt sie das zu spät. Die Blaue Blume steht im Zentrum eines anderen Beitrags. Lesen Sie über die Landschaft der Stille im Norden Schwedens. Viele Gedichte nehmen die Farbe Blau in ihre Gedanken auf und verwandeln sie. Der Aralsee, einst ein blaues Wüstenauge, kommt in den Blick. Von blauen Mauern ist die Rede. Ein Autor berichtet von einem blauen Abteil im Zug und einer besonderen Begegnung darin. Über eine junge Liebe in Heidelberg erfahren wir mehr in einer ausführlichen Erzählung. Vom Blautopf und seinen untergründigenHöhlensystemen sowie der Schönen Lau kann man lesen. Erleben Sie eine Floßfahrt ins Blaue auf Tasmanien.

Leseproben, Inhaltsverzeichnis: www.literaturpodium.de

Im Dünenblick

Gedichte

Peter Frank, Eline Menke, Carsten Rathgeber u.v.a.

304 Seiten, 2019

Über dem eiskalten Meer liegt Winternebel, Wellen spülen ans Ufer, das Dünengras ist gebeugt vom Wind. Kapstadt und Jakarta kommen in den Blick. Vom Potsdamer Belvedere und seiner langen stillen Zeit berichtet ein Gedicht. An den Ausbruch des dreißigjährigen Krieges wird erinnert. Gedichte sind Paul Celan gewidmet. Bis zum Horizont konnte man einst Divisionen erblicken. Seiltänzer bekommen ihren Auftritt. Ein Dichter geht ins Zwiegespräch mit Eva Strittmatter. Immer wieder gelangt im Band der Herbst zur Sprache. Warum neigt sich die Waage zum Risiko hin, drohen uns Lawinen einzuholen? Olivenbäume begleiten uns. Höfe wie Laternen sind in den Berg gehängt.

Leseproben, Inhaltsverzeichnis: www.literaturpodium.de

Sommernächte bei dir

Erzählungen und Gedichte über die Liebe

Kerstin Werner, Mesut Bayraktar, Sylvia Amstadt, Thomas Barmé u.v.a.

436 Seiten, 2018

Mit Erzählungen und Gedichten über die Liebe unterhält dieser Band. Eine Karte ohne Absender gibt Rätsel auf. Ein Taxifahrer in New York fährt ungewöhnliche Routen ab mit einer Frau. Eine Gerichtsakte ist zu bearbeiten, erfordert einen juristischen Kommentar. Das alles wird zur Fußnote in den Armen der sich Liebenden. Ein Aufenthalt in Schweden führt zu den Sámi. Nach diskreter psychologischer Behandlung sucht ein Kanzler, doch welche Folgen hat das? Leben vergeht, und neue Begegnungen entfalten sich fast gleichzeitig in einer Erzählung. Eine junge Heilerin aus einem Stamm pflegt einen fremden Mann, der verunglückt ist. Sie kommen sich näher, doch gibt es eine Chance für ein Zusammenleben? Die mysteriösen Begebenheiten in einem Gothic-Hotel rufen die Staatsanwaltschaft auf den Plan. In den Gedichten entfaltet und versteckt sich die Liebe, rote Linien ziehen ihren Weg. Die Geheimnisse der Mittsommernacht werden aufgerufen. Mirabellenbäume laden zum Träumen ein. Spaziergänger verweilen am Meeresufer. Krimiabende stören das Liebesleben.

Einzig dieser Moment

Gedichte und philosophische Poesie

Eduard Preis

80 Seiten, 2020

Wie durchlaufen wir den Bogen des Lebens? Im Band finden sich eine Vielzahl philosophisch akzentuierter Gedichte. Bewegung und Stillstand ergeben zwei ewige Gegensätze. Sie bestehen jedoch nur aufgrund ihrer gegenseitigen Verbundenheit. Diese Einheit wird uns in manchen Augenblicken bewusst. Solche Momente bewegen uns, wir halten inne und reflektieren über den Lauf der Dinge, die Welt wie sie beschaffen ist. Doch führt uns der Autor auch in die Gestade der Träume, lädt uns nach Lappland ein oder fragt nach dem Erhalt der ökologischen Balance. Umarmungen und die Gestalten der Liebe lassen sich auffinden. Folgen Sie den Eisenbahnschienen des Nordens oder den Spielarten moderner Kunst. Einige Gedichte sind um eine englische oder russische Version ergänzt.

Inhalt, Leseproben: www.literaturpodium.de
bestellen: preis.eduard@hotmail.de

Chips, Nippel und Abenteuer

Gedichte

Felix Martin Gutermuth

104 Seiten, 2020

Vagabundisches Leben, das Risiko als Lebensplan und der Späti als Schaltstelle der Nacht. Felix Martin Gutermuth zelebriert ungeschönte Momentaufnahmen, zeigt die Narben, denen nicht zu entkommen ist, sobald Konventionen keinen Halt mehr bieten. Wie die Liebe mäandert, zeichnet er nach, läßt erotischen Abenteuern ihre Faszination, zeigt Fallstricke. Noch nach Jahren steht er im Bann einer früheren Liebe. Seine klaren und unverstellten Gedichte geben Einblicke in großstädtische Atmosphäre, blenden ein, was andere ausblenden. Oft bewegt er sich in Berlin-Neukölln, nach Paris und Mallorca führen ihn seine Wege. Doch alles bleibt ungewiss im Wendekreis des Krebses.

Leseprobe, Inhalt: www.literaturpodidum.de
Kontakt und bestellen: felixmartingutermuth@gmx.de

Im Mosaik der syrischen Spuren

Gedichte

Edda Gutsche, Dirk Tilsner, Ralf Burnicki u.v.a.

420 Seiten, 2018

Mancher würde gerne Datteln im Garten ernten. Wann gibt es Frieden in Syrien?, doch was für ein neues Joch rückt im Schatten nach? Palmyras Säulenstadt in Wüstenarealen widmen sich Gedichte, Homs, Aleppo oder Damaskus rücken in den Brennpunkt. Gedichte zu unterschiedlichsten Aspekten des syrischen Dramas durchziehen den Band an zahlreichen Stellen, aber auch an die Levante vor dem Krieg wird erinnert. Reisenotizen führen in die Normandie, Küstenlandschaften kommen in den Blick. Istanbuler Stadtgassen und Basare ziehen vorüber. Lyrische Anleitungen zum Orgelbau halten sich parat. Der deutsche Philosoph Fichte, erster Rektor der Berliner Universität, wird aus polnischer Perspektive gewürdigt. Wie sich unser Treibhaus schließt und ein Spott auf Brückentechnologien beschreibt ein Gedicht und gibt Aussicht auf eine solare Republik. Ein Abgesang auf den Reim im Gedicht will gerade diesen gefördert wissen, in dem es ihn scheinbar abschreibt. Lichtweber vagabundieren, verpassen Züge, sind auf Exkursion. Einige leicht erotische Beiträge lockern auf. Espressogesänge und deren Salto mortale werden zelebriert. Eine weiße Amsel fliegt davon.